Gottfried Böhm

Das Porträt der Pompadour

Lustspiel in einem Akt

Gottfried Böhm

Das Porträt der Pompadour
Lustspiel in einem Akt

ISBN/EAN: 9783743406162

Hergestellt in Europa, USA, Kanada, Australien, Japan

Cover: Foto ©ninafisch / pixelio.de

Weitere Bücher finden Sie auf **www.hansebooks.com**

Das Porträt der Pompadour.

Lustspiel in einem Akt
von
Gottfried Böhm.

Zum ersten Male aufgeführt
im Kgl. Residenztheater zu München
am 2. Februar 1893.

München
C. H. Beck'sche Verlagsbuchhandlung
(Oskar Beck)
1893.

Mme DE POMPADOUR

Das Porträt der Pompadour.

Lustspiel in einem Akt

von

Gottfried Böhm.

Zum ersten Male aufgeführt
im Kgl. Residenztheater zu München
am 2. Februar 1893.

München
C. H. Beck'sche Verlagsbuchhandlung
(Oskar Beck)
1893.

Perſonen.

Ludwig XV., König von Frankreich.
Die Marquiſe von Pompadour.
Maurice-Quentin de la Tour, Maler.
Der Herzog von Choiſeul.
Die Marquiſe von Livry.
Frau von Marchais.

  Ort der Handlung: Verſailles.
    Zeit: 1755.

Digitized by the Internet Archive
in 2011 with funding from
Boston Library Consortium Member Libraries

http://www.archive.org/details/dasportrtderpo00bh

Das Theater stellt das Boudoir der Marquise von Pompadour vor. Im Mittelpunkt der Bühne eine kleine Causeuse, daneben ein Tisch mit Büchern, Mappen, Notenheften und einer Guitarre. Außer einer Vase mit Rosen, vielen Nippsachen und Kunstgegenständen auch eine Staffelei.

I. Scene.

Die Marquise von Pompadour. Die Marquise von Livry. Frau von Marchais. Die letzteren beiden Damen (in Straßentoilette) treten außer Athem auf.

Livry (in Extase).

Entzückend!

Marchais.

Reizend!

Livry.

Herrlich!

Marchais.

Himmlisch!

Livry.

Groß!

Marchais.

Unübertrefflich!

Livry.

Göttlich!

Marchais.

Tadellos!

Pompadour.
Was? Wer? Wo? Sprecht!

Livry (erschöpft).
Erlaubt, daß ich mich setze! —
(Sie setzt sich.)
O, welcher Kunstgenuß!

Marchais (in ein Fauteuil sinkend).
O, welche Hetze!

Pompadour (ungeduldig).
Wo? Reden Sie!

Marchais.
Ich bin zu tief ergriffen!

Livry.
Ich wurde fast erdrückt!

Marchais.
Ich todt gekniffen! —

Livry.
O, wär ich doch noch dort!

Marchais (seufzend).
Ich ging zu bald!

Livry.
Im Grunde wichen wir nur der Gewalt!

Marchais.
Des Stromes Fluth! — Der Zudrang war zu groß!

Livry.
Von rechts und links erhielt man Stoß auf Stoß!

Marchais.
Hinab die Treppe ging es mit Gepolter.

Pompadour.
Sie spannen mich wahrhaftig auf die Folter!

                    Livry (einfallend).
Sie waren noch nicht dort?
                    Marchais.
Ist's menschenmöglich?!
                    Livry.
Sie Aermste!
                    Marchais (ebenso).
Aermste!
                    Pompadour (für sich).
Das ist unerträglich!
                    Marchais.
Beklagenswerthe!
                    Livry.
Es ist jammerschade!

                    Pompadour.
So reden Sie! — Was hat in diesem Grade
Ihr Staunen, Ihr Entzücken denn erweckt?
                    Marchais.
Vom Louvreschlosse kommen wir direkt!
                    Pompadour.
Aus dem Salon, wo Bilder ausgestellt?
                    Livry.
Natürlich!
                    Marchais.
Dorthin drängt sich die schöne Welt;
Wer in Paris ein Freund der Künste ist!
                    Livry (zu Pompadour).
Sie wurden schmerzlich allerseits vermißt!
                    Marchais.
Doch Einer ist's nur, dem man Beifall schenkt,
Und dessen Werk des Volkes Gunst umdrängt,
Wie eines Schiffes Kiel die schwanke Welle —

                    Pompadour.
La Tour?
                    Marchais.
Ihr habt's errathen! — Die Pastelle,
Die er dort aufgestellt mit strenger Wahl.
                    Livry.
Achtzehn!
                    Marchais.
Ja, volle achtzehn an der Zahl!
                    Livry.
Abbé Nollet!
                    Marchais.
Der eine Prise nimmt!
                    Livry.
Herr Mondonville ...
                    Marchais.
Der seine Geige stimmt!
                    Livry.
Der schöne Herr von Condamine de l'Orme.
                    Marchais.
Ein Kavallerist in voller Uniform!
                    Livry (begeistert).
Sehr ähnlich!
                    Pompadour.
Kennen Sie ihn denn?
                    Livry.
Ich?! — Nein!
Das Herz nur sagt mir: er muß ähnlich sein!
                    Marchais.
Dann Rousseaus edle sinnende Gestalt!

Livry.

Sein Bild ist von besonderer Gewalt,
Es könnte einen Stein zu Thränen rühren...
Man sieht ihn deutlich...

Pompadour.

Was?

Livry.

Philosophiren!

Marchais.

Man frägt, was man zuerst betrachten soll

Livry.

Und findet schließlich, von Bewunderung voll,

Marchais.

Wie oft sie der entzückte Blick durchwand're,

Marchais und Livry.

Das eine immer besser, als das and're!

Livry.

Welch ein Erfolg!

Marchais.

Welch ein Triumph! — sagt lieber! —
Die Damen sind ganz außer sich darüber,
Denn Damenbilder sind Latourens Stärke.

Livry.

Frau Fel ist eines seiner besten Werke.

Marchais.

Und erst Madame Huet mit ihrem Hündchen!

Livry.

Und Frau von Geli mit dem kleinen Mündchen!

Marchais.

Und Fräulein Ferrand über Newton sinnend!

Livry.
Und Frau Leconte, so schön, so herzgewinnend!

Marchais.
La Tour hat ganz der Frauen Art erfaßt
Und ihnen seinen Pinsel angepaßt;
Der Liebreiz, welcher seine Bilder schmückt,
Ist vor ihm keines Malers Kunst geglückt,
Und den Unsterblichen sind beigezählt
Die Schönen, die er zu Modellen wählt.

Livry (boshaft, mit einem Seitenblick auf Frau v. Pompadour).
Nicht Jede, die sich meldet, findet Gnade.

Pompadour.
Anmaßend ist er ja im höchsten Grade!

Marchais.
Sagt lieber nur: er ist nicht sehr galant!

Pompadour (geärgert).
Die Eine findet er nicht int'ressant,
Die And're scheint mit Jahren zu beschwert.

Livry.
Die Schönsten nur hält seiner Kunst er werth!

Marchais (zu Pompadour, ironisch).
Warum hat Euch er noch nicht ausgestellt?

Pompadour (bitter).
Weil er mich wohl für keine Schönheit hält.

Livry.
In diesem Punkte stünde er allein.

Marchais.
Gewiß!

Pompadour.
Sie scherzen!

Ach!

    Livry (protestirend).

    Pompadour (für sich).

Sie spotten mein!

    Marchais.

Er folgt in Allem nur dem eig'nen Willen
Und voll sitzt ihm der Kopf von tollen Grillen.

    Pompadour.

Das sagten bisher Alle, die ihn kannten!

    Marchais.

Selbst wenn ein Bild er endlich zugestanden,
Giebt's oft noch manche kleine Schwierigkeit,
Und zur Vollendung ist der Weg stets weit;
Denn hat er auch den besten Willen gleich,
Sein Temp'rament spielt schließlich einen Streich. —
Kennt die Geschichte Ihr des Herrn Reynière?

    Pompadour.

Er ist Bankier, nicht wahr?

    Livry.

Und Millionär!

    Marchais.

Schon war sein Bildniß der Vollendung nah';
Der letzten Sitzung als entgegensah
Der Meister, kam ein Diener statt Reynière.
„Sein Herr", entbot er, „heut' bedaure sehr",
„Doch ein Geschäft verhind'r ihn am Erscheinen". —
— „Dein Herr", entgegnete La Tour, „hat keinen —
„Verstand, mein Lieber!" — „Mag mit Geld er prahlen;
„Setz Du Dich hin; ich will für ihn Dich malen!"
„Wo denkt Ihr hin! — Ich würd' den Platz verlieren!" —
„Setz Dich, mein Freund, ich werd' Dich sonst placiren!" —

              Livry.

Ganz so verließ er jüngst mit trotz'ger Miene
Ein angefang'nes Bildniß der Dauphine.

              Pompadour.
Weßhalb?
              Marchais.
Weßhalb?
              Livry.
Weil, wie man mir erzählte,
Sie einmal auch bei einer Sitzung fehlte.
Nichts konnte in der Folge ihn bewegen,
Die Hand auf's Neue an das Werk zu legen.
Niemand hat ihm den störr'gen Sinn gewendet,
Das Bildniß blieb bis heute unvollendet!

              Pompadour.
Hat doch dem König selbst er unverzagt
Gewagtes kühn in's Angesicht gesagt!

              Livry.
Ist's möglich!
              Marchais.
Wann? Wo?
              Livry.
Das ist kaum zu fassen!

              Pompadour.
Der König wollte jüngst sich malen lassen
Und nach Versailles er de la Tour befahl.
Dortselbst empfing er ihn in einem Saal,
Mit vielen Fenstern, etwas grellem Licht.
„In der Laterne malen kann ich nicht", —
Sprach schroff der Maler zu dem gnäd'gen Herrn.
„Ich habe diesen Raum vor andern gern",
Entgegnete der König ohne Zornempörung;
„Hier nur sind sicher wir vor jeder Störung,

„Was anderswo mir zweifelhaft erscheint'." —
Doch de la Tour, des höf'schen Tones Feind,
„Schlecht ist's bestellt", — so platzte er heraus,
„Wenn Majestät nicht Herr im eig'nen Haus!" —

Marchais.

Verzieh's der König?

Pompadour.

Leichter, als man dächte!

Marchais.

Weit reichen des Genies erhab'ne Rechte;
Selbst seine Launen muß ertragen still,
Wer sich in seinen Strahlen sonnen will.
(Sie steht auf und schickt sich an, zu gehen.)

Pompadour.

Bleibt doch! Die Sänften sind noch nicht gemeldet!

Marchais.

Gleichviel! — Ob Ihr mich auch verblendet scheltet,
Ich fliege durch die Lüfte, geh' zu Fuß,
Ich wate durch den Schmutz, denn — ach! ich muß
Die Bilder wieder sehen von La Tour,
Der stets der ächten Schönheit auf der Spur,
(mit einem Seitenblick auf Frau v. Pompadour).
Nicht an's bloß Niedliche die Kunst verschwendet,
Und durch's Gewöhnliche den Pinsel schändet.

Pompadour (zu Frau v. Livry, die sich gleichfalls erhoben hat).
Auch Sie, Marquise, wollen mich verlassen?

Livry.

Ich kann, wie sie, so zierlich mich nicht fassen —
Doch Frau von Marchais sprach mir aus der Seele;
Auch mich berückt die Schönheit ohne Fehle
Und gern folg' ich der Freundin raschem Schritt.

Pompadour.
Sie watet durch den Schmutz.
Livry.
Ich wate mit!
Marchais (höhnend).
Kommt doch mit uns, die Werke anzuschauen
Von de la Tour, dem Freund der schönsten Frauen!
Pompadour (bitter).
Um keinen Preis! — Mich langweilt er zu Tode
Und sein Erfolg erscheint mir nichts als Mode.
Marchais (für sich).
Die Trauben hängen hoch! (laut) Laßt uns nicht
　　　　　　　　　　　　　　　　streiten.
Livry.
Wir wollen lieber seinen Ruhm verbreiten
Marchais.
In ganz Versailles!
Livry.
Und in der Stadt Paris!
Pompadour (ungeduldig).
Lebt wohl! Lebt wohl!
Marchais (mit affectirter übertriebener Herzlichkeit).
Lebt herzlich wohl, Marquis'!
　　　　(sie küßt sie auf die rechte Wange).
Wie hübsch Ihr seid!
Livry (ebenso).
Zu hübsch! (küßt sie auf die linke Wange).
Pompadour.
So geht mit Gott!
Fr. v. Marchais und Livry (im Abgehen, ironisch).
Euch schenk' er Trost! —
　　　(Marchais und Livry ab.)

II. Scene.

Die Marquise von Pompadour.

Wie tief traf mich ihr Spott! —
Die bisher stets mich um mein Glück beneidet,
Sie haben sich an meiner Schmach geweidet,
Im Herzen Galle, auf den Lippen Hohn! —

Ein Bild La Tour's gehört zum guten Ton;
Von ihm gemalt will sein um alle Welt,
Wer sich des Menschenanblicks würdig hält.
Ein Bild, das er in's farb'ge Leben rief,
Giebt erst der Schönheit ihren Adelsbrief,
Verleiht vor Allen der Vollendung Stempel,
Und öffnet selbst des Nachruhms Tempel.

Ich bin verhöhnt, zurückgesetzt, verlacht! .....
„Wir hätten uns", so zischeln sie — „gedacht,
„Daß, wo die Schönsten man zum Kranz gewählt,
„Ihr Bildniß nicht in ihrer Reihe fehlt", —
„Ist, die der König liebt", frägt man mit Staunen,
„Nicht schön genug für La Tour's Launen?"
Sie ist es nicht! — Den Zügen fehlt die Feinheit!
Sie ist es nicht! — Den Linien fehlt die Reinheit!
Die Schönsten nur hält seiner Kunst er werth —
Mich nicht! — Ich bin verschmäht, entthront, entehrt!

(Sie sinkt in einen Stuhl und bedeckt die Augen mit dem Taschentuch;
dann sich wieder aufrichtend).

Doch nein! — Ich seh' zu schwarz! Nichts ist verloren.
— Hätt' Alles sich auch gegen mich verschworen,
Wann hätten Hindernisse mich bewogen,
Daß ich darob die Segel eingezogen? — —
Man kann sie überwinden ..... man kann brechen
Den Widerstand ... im schlimmsten Fall ... sich rächen
Am Widerstrebenden... (sie steht auf) Gemach, Herr de la Tour,
Ihr malt noch das Porträt der Pompadour!

III. Scene.

(Die Vorige. Der Herzog von Choiseul.)

Pompadour.
Schon naht der Retter!

Choiseul.
Auf der Freundschaft Schwingen.

Pompadour.
Und er wird mir willkomm'ne Botschaft bringen?

Choiseul (setzt sich).
Ihr wißt, ich dient' Euch stets getreu. —
In seiner Höhle sucht' ich auf den Leu
Und fand ihn mürrisch, brummig, zänkisch, wild,
Der bitt'ren Selbstqual melancholisch Bild;
Von allen Freuden trotzig abgewandt,
Sich besser dünkend, von der Welt verkannt,
Ein Sonderling, ein Cyniker, ein Spötter,
Ein Feind der Menschen und der ew'gen Götter,
Ein Herz, das nicht im Sonnenlicht gedieh —
Ein Mensch voll Ecken, — doch ein ächt' Genie!

Pompadour.
Von mir, was sprach er? Kommt er zu mir her?

Choiseul.
Er sprach, er mal' nicht auswärts, „auf der Stehr".

Pompadour.
Ich weiß, er haßt mich!

Choiseul.
Ja, er haßt Euch, gründlich!

Pompadour.
Ich weiß warum!

              Choiseul.
Mir ist es unerfindlich;
Es scheint, daß er mit seinem Schicksal grollt.
              Pompadour.
Das Glück der Liebe war ihm niemals hold.
              Choiseul.
Weil eine ihn getäuscht der Frauen,
So will er allen nun mißtrauen.
              Pompadour.
Ich kenne die Geschichte seiner Ehe,
Ihr kurzes Glück und eingebildet Wehe;
Die Frau, die er, von Eifersucht verzehrt,
Vertrieben hat von seinem Haus und Herd,
Hab ich aus Mitleid bei mir aufgenommen;
Nun denkt er wohl, ich hab' Partei genommen.
Dies ist die ganze Schwierigkeit des Falles.
              Choiseul.
D'rum haßt er Euch! — O, nun begreif' ich Alles.
              Pompadour.
D'rum hat er auch, gekränkt, wie er sich wähnt,
Was ich ihm bisher bot, stets abgelehnt —
Seid Ihr auf's Neue nicht in ihn gedrungen?
              Choiseul.
Ich that mein Bestes, wie es ausbedungen.
              Pompadour.
Habt Ihr geschildert, wie ich heimlich litte,
Wie mich der Wunsch verzehrt, wie ich ihn bitte?
              Choiseul.
Ich sagte nur, es thät' mir wirklich leid,
Daß nun die schönste Frau von unsrer Zeit
Ein And'rer, wenn auch nicht ein gleicher, male, —
Herr Perronneau, — bekanntlich sein Rivale! —

Pompadour.

Was sagte er?

Choiseul.

Blaß ward er bis zur Schläfe;
Dann frug er, wann man Euch am besten träfe,
Ob Ihr denn auch so schön seid, wie man sagt,
Und ob man Euch denn fälschlich angeklagt,
Wenn man für Frankreichs Loos die Schuld Euch giebt,
Und jedes Wetter in die Schuhe schiebt?

Pompadour.

Ihr sagtet: ja! — gewiß?

Choiseul.

Ich sagte: nein!

Pompadour.

Ich werd' Euch immer dankbar dafür sein!
(giebt ihm die Hand).

Choiseul (galant, ihr die Hand küssend).

Ich werde reich belohnt mich preisen müssen,
Darf ich die zarten Fingerspitzen küssen!

Pompadour.

Wann kommt er? — Sagt! — Wann stillt er
          mein Verlangen?

Choiseul.

Er kam mit mir; wollt Ihr ihn gleich empfangen?

Pompadour.

Mit tausend Freuden! Führt ihn ein, ich bitte.

Choiseul (der Mittelthüre zugehend).

Vergeßt nicht, : fremd ist ihm des Hofes Sitte!
(Er öffnet die Thüre und läßt La Tour eintreten.)

IV. Scene.

(Die Vorigen. La Tour (nachläſſige, altmodiſche Kleidung; er trägt Gamaſchen über den Strümpfen und Schnallenſchuhen und unter dem Arm einen Kaſten mit Paſtellſtiften. Sehr mürriſch und rauh mit Anwandlungen von Zerſtreutheit und Ausbrüchen ſchwärmeriſcher Leidenſchaftlichkeit).

Pompadour (La Tour entgegen eilend).

Herr de La Tour, Ihr ſeid mir ſehr willkommen.

(Sie ſtreckt ihm die Hand hin, die er jedoch nicht ergreift.)

La Tour (ablehnend).

Ich bin bedingungsweiſe nur gekommen!

Pompadour (lebhaft).

O gern gewähr' ich Alles, was Ihr wollt!

La Tour.

Zuerſt: ich mal' nicht nur für ſchnödes Gold ...

Pompadour (einfallend).

Ich weiß es! — mehr für Ruhm und Name.

La Tour (ſtreng).

Hört mich und unterbrecht mich nicht, Madame! —
Man ſagt, daß Euch, die Ihr am Hofe lebt,
Ein Schwarm Verehrer immerdar umſchwebt;
Es gieng' beſtändig bei Euch ein und aus
Und einem Taubenſchlag glich' Euer Haus ...

Pompadour.

Sie ſollen Euch nicht bei der Arbeit ſtören.

La Tour.

Dieß ford're ich von Euch. Wollt Ihr mir's ſchwören?

Pompadour.

(die Hand wie zum Schwure erhebend, mit einer gewiſſen ſcherzhaften Feierlichkeit).

Bis daß die Stunden, die Ihr ſchenkt, verfloſſen,
Bleibt meine Thür für Jedermann verſchloſſen.

Choiseul (zu de La Tour).

So will auch ich das Feld Euch nunmehr räumen.

Pompadour (zu Choiseul, den sie zur Thüre begleitet).

Lebt wohl! Noch einmal Dank!

(Sie gibt ihm die Hand, die er küßt.)

La Tour (sie zurückrufend).

Laßt uns nicht säumen!

(Choiseul ab.)

V. Scene.

Pompadour. La Tour.

Pompadour.

Ich bin bereit! — Hier ist die Staffelei,
Ein aufgespannter Bogen harrt dabei
Auf Euch schon lang.

La Tour (nachdem er die Staffelei zurecht gerückt und den Farbenkasten geöffnet hat, mit einer Handbewegung, großartig):

Nehmt Platz! —

(Er knöpft sich die Gamaschen ab, nimmt die Perrücke ab, unter der spärliche Haare zum Vorschein kommen, und hängt sie an der Staffelei auf.)

Pompadour (etwas ungeduldig).

Ist's Euch genehm?

La Tour (zieht den Rock aus und zieht aus der Tasche eine große schwarzseidene Arbeitsmütze, die er aufsetzt).

Pompadour (die ihm erstaunt zugesehen).

Was thut Ihr da?

La Tour.

Ich mache mir's bequem.

Pompadour.
Vor einer Dame! Hört! Das ist nicht zart!

La Tour.
Allein, Madam', so ist es meine Art —
Will Euch mein Thun in etwas nicht behagen,
So kann ich geh'n. — Ihr braucht es nur zu sagen! —
(Er schlägt den Farbenkasten zu).

Pompadour.
(für sich) Was für ein Bär! — (laut) Ich meint'
so schlimm es nicht!

La Tour (den Farbenkasten langsam wieder öffnend; gnädig).
Schon gut! Nichts mehr davon! — Setzt Euch
in's Licht.

Pompadour (sich setzend).
Hierher?

La Tour.
Nein, weiter links ...

Pompadour (auf der Causeuse rückend).
So?

La Tour.
So ist es gut! —
So fällt auf Euch des Lichtes volle Fluth,
Vergoldet Euer Haar, die zarten Brauen ...
Nun haltet still! — — Laßt mich Euch schauen!
(Er stellt sich in einiger Entfernung von ihr auf, verschränkt die Arme über der Brust
und betrachtet sie; dann für sich, leiser).
Täuscht mich ein Trugbild, eines Zaubers Lüge?
So viel der Reize bergen diese Züge?!
Die hohe Stirne, wo Gedanken thronen,
Die kleinen Grübchen, wo die Grazien wohnen,
Der holde Mund mit seinem Schönheitsmal
Und des Gesichtes liebliches Oval ....
Der braunen Augen sternenhelle Nacht! ..
— Ich hätte sie so schön mir nicht gedacht! — —

Pompadour.
Was habt Ihr?.. Kommt zu Euch!.. Wie soll
ich sitzen?

La Tour (ganz in ihren Anblick versunken, die Frage überhörend).
Wie lieblich ihres Mundes Perlen blitzen!

Pompadour (für sich).
Was hat er doch!.. Verlor er den Verstand?!

La Tour.
Wie zart geformt ist ihre weiße Hand,
Des Nackens Schwung, des Busens sanfte Wellung...

Pompadour (eindringlicher).
Hört Ihr mich nicht? — Ich frug Euch nach
der Stellung,
Ob stehend, sitzend, knieend, oder liegend,
Den Arm um dieses Sophas Lehne schmiegend.
(Sie versucht verschiedene Posen).
Gefällt Euch besser, wenn ich sitze? — Sprecht! —
So? oder so?..

La Tour (zerstreut).
Wählt selbst!

Pompadour (sich wieder setzend).
So? Ist's so recht? —
Die Stellung sollte wohl im Allgemeinen
Gewählt, denk' ich, doch nicht gesucht erscheinen.

La Tour.
Sehr wahr! Sehr wahr! — Als abgelauscht dem
Leben
Soll sie im Grunde sich von selbst ergeben. —
So wirft das Meer an's Ufer eine Welle
Und frägt nicht erst, wohin, an welche Stelle? —

So schmiegt sich an den Busen der Natur
Das scheue Reh vor eines Jägers Spur —
So ruht im Busch das Vöglein traumumnachtet
Und hat sich nicht im Spiegel erst betrachtet.

Pompadour.
Ihr seid poetisch!

La Tour (über sich selbst aufgebracht).
Ihr macht mich dazu!

Pompadour.
Doch unser Bild?!

La Tour.
Entwerf ich jetzt im Nu!
(Er fängt an, eifrig zu zeichnen).
Mehr links den Kopf! — Habt auf die Stellung Acht!

Pause.

Pompadour.
Habt Ihr an die Staffage schon gedacht?

La Tour.
Ich? — Nein!

Pompadour.
Wie denket Ihr davon?

La Tour.
Gering!
Ich hielt sie immer für ein mißlich Ding,
Doch kann man leider sie nicht ganz entbehren.

Pompadour.
Drum muß die Kunst sie sich zum Nutzen kehren;
Sie so behandeln, daß sie nicht beengt
Und von dem Bilde selbst den Blick ablenkt;
Daß sie im eig'nen Lichte nicht erglänze,
Nur der Erscheinung Eindruck zart ergänze.

La Tour.
Sehr gut! — So laß ich gern sie mir gefallen.

Pompadour.
Ich möchte, daß von jenen Dingen allen,
Die mit dem Herzen in Verbindung stehen,
Man könnte etwas auf dem Bilde sehen.

La Tour.
Das führte weit!

Pompadour.
Das Wesentliche nur
Und von dem Besten eine leise Spur. —
(indem sie die betreffenden Gegenstände um sich gruppirt).
Vor Allem — meine liebsten Freunde hier,
Ein Paar der Bändchen, Druck von Elzevier,
Auch von der Encyklopädie ein Band...

La Tour (mit Bezug auf die Schwere des Foliobandes).
Zu schwer erscheint er fast für Eur'e Hand!

Pompadour.
Wie oft hab' ich beim König sie vertheidigt!

La Tour.
Die Sonne Eu'rer Gunst hat sie gezeitigt!
Noch habt vom eig'nen Werk Ihr nicht gesprochen!

Pompadour.
Ihr meint die Kupfer wohl, die ich gestochen?
Ihr scherzt!

La Tour.
Die Pläne aber Eu'rer Bauten,
Auf die bewundernd selbst die Feinde schauten.

Pompadour.
In dieser Mappe hier sind sie geborgen!

La Tour (die Mappe aufstellend).
Ich will für einen Hinweis darauf sorgen!

Pompadour.
Vergesset nicht mein Notenheft daneben ...
(sie legt es auf den Tisch; darauf eine Guitarre.)
Und die Guitarr' ... Laßt Töne ihr entschweben,
Die geisterhaft sich durch die Räume schwingen
Und der Erinn'rung leise Weisen singen —
Ich liebe die Musik..

La Tour.
Wer liebt sie nicht? —

Pompadour (indem sie aus einer Vase eine Rose nimmt).
Legt diese Rose, die vom Tode spricht,
Dazu! — Mit ihr sah ich den Frühling scheiden! —
(noch immer mit Gruppirung der Gegenstände beschäftigt.)
Dieß Alles sollt Ihr sinnig um mich breiten,
Als hätt' der Zufall es hierher geweht, —
Ganz frei und zwanglos — Ihr versteht? —
(sie nimmt die frühere Pose wieder ein.)

La Tour.
Ja wohl, Madam'! (für sich, erstaunt) Sie hat Geschmack,
wie's scheint!

Pause.

Pompadour.
Seid Ihr schon weit?

La Tour.
Das geht nicht, wie Ihr meint.

Pompadour.
Wie weit seid Ihr? — Darf ich den Anfang sehen?

La Tour.

Der Neugier muß geduldig widerstehen,
Wer einem Maler sitzt.

Pompadour.

Nur einen Blick!

La Tour.

Es kann nicht sein! — Vertraut auf mein Geschick!

Pompadour (bittend).

Nur einen Blick!

La Tour.

Nein! Bleibt! — Es kann nicht sein!

Pause.

Pompadour (gähnend).

Sich malen lassen, ach welch' harte Pein!

La Tour.

Seid Ihr schon müd? Verlangt es Euch nach Rast?

Pompadour.

Nein! — — Sagt, wie habt Ihr mich denn aufgefaßt?

La Tour.

Nun, wie Ihr seid!

Pompadour (etwas kokett).

Wie bin ich denn?

La Tour.

So, so!..

Pompadour.

Sagt, bin ich traurig, oder lebensfroh,
Bin ich beständig, oder wankelmüthig —
Bin ich voll Bosheit, oder sanft und gütig,
Bin offen ich, bin ich versteckt zumeist —
Hab' ich viel Herz und hab' ich etwas Geist? —
O, sprecht Euch aus! — Was sagt Euch mein Gesicht?

La Tour (düster, für sich).

Ich mal' dieß Räthsel — lösen kann ich's nicht! —

Pompadour.

Ihr dürft nicht Zug für Zug pedantisch zählen
Und Euch mit seiner Wiedergabe quälen,
Nicht Einzelnheiten malen ganz für sich,
Jedwedes kleinste Fältchen, Strich für Strich ...

La Tour.

So stecken Kinder wohl zum Zeitvertreib
Dem Schmetterling die Nadel durch den Leib —

Pompadour (einfallend).

Und breiten ihm die gold'nen Flügel wund;
So geht des Reizes Blüthenstaub zu Grund! ...

La Tour.

In eines Menschenangesichtes Falten
Sind viele Charaktere oft enthalten,
Der Ausdruck wechselt, wie das Firmament
Und immer schwankt, was man die Stimmung nennt —
Bald eine düst're ist's, bald eine klare —
Doch welche ist die ächte, ist die wahre? —

Pompadour.

Das müßt Ihr auf dem Grund der Seele lesen;
Malt ein Moment nicht nur — das ganze Wesen,
Wie es im Durchschnitt Eu'rem Blick erscheint,
Wie Ihr's im Flug erhascht zu haben meint.
Laßt nur das weg, was zufällig und nichtig ....
Vor Allem ist „der Seele Spiegel" wichtig —
Ein Auge malt ja Jeder mit Geschick,
Wie Wen'ge aber malen einen Blick? —
Der Mund, mag er im Bild auch ewig schweigen,
Muß die Beredsamkeit des Herzens zeigen,

Und auf den Wangen sollt es liegen auch
Wie eines ersten Kusses sel'ger Hauch.
Die Haltung sei aus einem Guß gegossen
Und ganz von stiller Grazie umflossen —
Nur keine Steifheit, ach, und nirgends Zwang,
Nichts sei gemacht, erkünstelt, ängstlich bang! —
Hierin verfehlen Künstler sich zumeist.

La Tour.

(für sich) Man muß gestehen; diese Frau hat Geist!
(laut) Mit einem Wort: Ihr wollt geschmeichelt sein!

Pompadour.

Im rechten Licht geseh'n! — Geschmeichelt? — Nein!
Was in den Adern rauscht, im Auge glüht,
Der Seele Fluth und Ebbe — das Gemüth.
Den wahren Reiz der Frau, das Leben,
Kann Eu're arme Kunst nie wiedergeben;
Ihr habt für der Gefühle reichen Schatz,
Für ächtes Gold nur Blendwerk zum Ersatz —
Was lächelt Ihr und zieht die Stirn in Falten? —

La Tour.

Verzeiht, ich kann nicht länger an mich halten...

Pompadour.

Was konnte Eu're Bitterkeit entfachen?

La Tour (sarkastisch).

Das Meisterstück der Schöpfung macht mich lachen,
Das unter Eu'ren Worten aufgeblüht,
So sanft und gut, so harmlos, voll Gemüth!
(er lacht höhnend auf.)

Pompadour (nach einer Pause sinnend in gedämpftem Tone).

Ich weiß, Ihr glaubt nicht an der Frauen Herz —
Ihr bester Theil! —

La Tour (bitter).
Ich bitt' Euch, laßt den Scherz!

Pompadour.
Ich red' im Ernst... Ihr glaubt nicht, daß sie fühlen.

La Tour.
O, laßt mich nicht in alten Wunden wühlen.

Pompadour.
Frivol und Treulos dünkt Euch mein Geschlecht —
Ihr habt dazu am wenigsten das Recht!

La Tour (finster).
Ich weiß es! — Gegen Frauen — rechtlos bin ich!

Pompadour.
O, wenn Ihr wüßtet, wie getreu und innig
Der Frauen Herz, von dem Ihr niedrig denkt,
Oft an der Jugend Idealen hängt,
Wie hell oft noch der alte Funke glimmt,
Wenn längst der Seele Saitenspiel verstimmt,
Und wie ihr Herz, zu Opfern stets bereit,
Entsagt, verblutet, duldet und — verzeiht!

La Tour (lacht gezwungen und höhnisch auf).

Pompadour.
Bricht ihnen je der Faden der Geduld,
So sind die Herrn der Schöpfung meistens Schuld.

La Tour.
Wie so? Wodurch? Was soll das Alles heißen?

Pompadour.
Ein kleines Beispiel soll es Euch beweisen.

La Tour.
Ich glaub nicht, daß sich das beweisen läßt!

Pompadour.
Hört erst!
La Tour (ablehnend).
Ich dank' Euch! Doch mein Satz steht fest.
Pompadour.
In meinem Dienst befand sich ein'ge Zeit....
La Tour (sich im Zeichnen unterbrechend).
Zu malen, wenn man spricht, ist schwer — verzeiht! —
Pompadour.
Es schien Euch bisher keineswegs zu stören
La Tour.
Ich mal' den Mund jetzt!
Pompadour.
Ihr müßt dennoch hören!
La Tour.
Ich bin, Madam', ein abgesagter Feind
Von längeren Geschichten....
Pompadour.
Wie es scheint,
Macht meine Euch ja ganz besonders bang...
La Tour.
Das nicht!... allein.... jedoch...
Pompadour.
Sie ist nicht lang!
La Tour.
Zum Malen ward allein ich hergebeten —
Wollt Ihr um jeden Preis von Ander'm reden —
Was kann ich thun? —

Pompadour.
Ihr müßt mich reden lassen!
Doch werd' ich mich so kurz als möglich fassen.
In meinem Dienst befand sich ein'ge Zeit
Ein Wesen voll von sanfter Traurigkeit;
Nie gab sie eine Freudenäuß'rung kund,
Nie stahl ein Lächeln sich um ihren Mund,
Nur der Erinnerung schien sie zu leben.
Mir war sie immer gut und treu ergeben.
Doch nie hat sie mir ihren Schmerz geklagt
Und ich hab seinen Grund nicht nachgefragt.
Ich wußte nur, sie war schon lang geschieden —
Nach kurzer Ehe ohne Glück und Frieden.

La Tour (interessirt).
Ihr Name! Nennt ihn mir doch!

Pompadour.
Hört erst weiter!
Ich sollte frühe sie verlieren, leider!
Nie hatt' ich tiefer ihr in's Herz geblickt;
Erst als der Kummer ihre Kraft geknickt,
Als langer Sorgen dornenreiche Kette
Sie früh geworfen auf das Sterbebette, —
Eh' aus dem Aug' die letzte Thräne rann,
Brach sie des Schweigens allzuschweren Bann.
„Das, was mich quält", so sprach sie, „ist nicht Reue;"
„Nie brach ich, niemals die geschwor'ne Treue!"

La Tour (hört auf zu zeichnen).
Sie sagt's! — Bewies sie's auch? — Sie sagt es nur! —

Pompadour (ernst).
Das Wort des Sterbenden ist wie ein Schwur.

La Tour.
Warum hat sie bei mir sich nicht vertheidigt?

Pompadour.

Ihr Frauenstolz erschien zu schwer beleidigt! —
— — Noch einmal flammte aus der schwarzen Fluth
Der alten Kränkung nie erlosch'ne Gluth
Und unversöhnlich schien sie gegen Jeden! —
Da wandt' ich mich an sie mit sanften Reden.

La Tour.

Das thatet Ihr?! O, seid bedankt dafür!

Pompadour.

„Denkt nicht", so sprach ich wiederholt zu ihr,
„Denkt nicht der Wunden, die er Euch geschlagen,
„Denkt seiner nur in seinen besten Tagen! —
„Bedenkt, wie weit die Eifersucht auch triebe, —
„Sie ist doch nur ein Uebermaß von Liebe."

La Tour.

Ihr sprachet wahr! Ich liebte sie so heiß!
(Er legt die Pastellstifte und den Malstock weg.)
Wie nahm sie's auf?

Pompadour.

Es schmolz zuletzt das Eis,
Am leisen Drucke ihrer kalten Hand
Empfand ich endlich, daß sie mich verstand....
Noch einmal richtete den Kopf sie auf —
Und ließ den Thränen ungehemmten Lauf, —
„Seht Ihr ihn," sprach sie, „je im Leben,
„So sagt ihm nur, daß ich ihm gern vergeben"....
Dann sank sie hin und sanft nach kurzem Ringen
Entflog die Seele auf des Todes Schwingen....
Was ist Euch? Sprecht!

La Tour (sehr bewegt).

Erleichtert schlägt mein Herz,
Es löst sich wonnig ein verjährter Schmerz
Und von der Seele fällt die Zentnerlast..

Pompadour.

Ihr seid bewegt! Faßt Euch!

La Tour.

Ich bin gefaßt!
Ich bin beglückt! — Maria hat verziehen —
Laßt mich zu Eu'ren Füßen niederknieen...

(Er nähert sich ihr.)

Pompadour.

Was fällt Euch ein!

La Tour.

Es ist des Herzens Sprache.
Erlaubt, daß ich Euch ein Geständniß mache!

Pompadour.

Ich weiß, mein Bild zu malen, schien Euch gräßlich..

La Tour.

O, mehr als das!

Pompadour.

Ihr hieltet mich für häßlich!

La Tour.

O, mehr als das!

Pompadour.

Ihr habt mich schlimm genannt!

La Tour.

O, mehr als das!... (indem er vor ihr auf die Kniee niederfällt)
Ich habe Euch verkannt! —
Für eitel hielt ich Euch und für frivol,
Von Weltgedanken und von Ehrgeiz voll —
Ganz arm an Geist und im Gemüthe leer...

Pompadour.

O, haltet ein! Denn es bedarf nicht mehr!

La Tour.

Nun hab ich auf den Grund Euch erst geschaut
Und aller Welt verkünden will ich's laut,
Welch' holde Wunder Euer Wort bewirkt,
Welch' edle Schätze Euer Busen birgt!...
In Euch, die ich vor Kurzem gern gesteinigt,
Scheint jeder Vorzug der Natur vereinigt,
Und der Gestalt verführerischer Hülle
Entspricht des Herzens ungeahnte Fülle,
Wohlthätig seid Ihr, geistreich, kunstgelehrt
Und eines Königs Freundschaft wahrlich werth...

Pompadour.

Genug! Steht auf!

La Tour.

Verzeiht dem blöden Blick!

Pompadour.

Von Herzen gern!

La Tour.

Wie preis' ich mein Geschick,
Daß ich im wahren Licht Euch jetzt geschaut!
(Commandoruf und Trommelschlag hinter der Scene.)
Was geht hier vor? — Die Trommeln wirbeln laut,
Die Wache präsentirt! (er horcht hin) Wer macht die Runde?

Pompadour (auflebend).

Es naht der König; es ist seine Stunde.

La Tour (aufspringend).

Er kommt zu Euch jetzt? Hab' ich recht gehört?

Pompadour.

Was habt Ihr?

La Tour (sehr aufgebracht).

Ihr fragt noch! Wir sind gestört! —
Und meine beste Stimmung geht verloren.
Habt Ihr nicht einen Schwur mir erst geschworen,
Es werde Keiner mein Gebot verletzen
Und seinen Fuß auf Eu're Schwelle setzen?
Sagt, Frau Marquise, mir, was soll das heißen?

Pompadour.

Kann ich dem König denn die Thüre weisen?

La Tour.

Jetzt nicht, jetzt freilich nicht; jetzt ist's zu spät! —
(Er zieht unwillig seinen Rock an.)

Eine Stimme hinter der Scene.

Platz, Platz, Ihr Herren! Des Königs Majestät!

VI. Scene.

Die Vorigen. Ludwig XV.

(Frau von Pompadour macht beim Eintritt des Königs den Plongeon;
La Tour zieht sich hinter die Staffelei zurück.)

Ludwig (zu Frau v. Pompadour).

Seid mir gegrüßt! Ich wünsch' Euch guten Morgen.
Noch eh' ich der Regierung leid'gen Sorgen
Mich widme, drängt es mich, mir erst verstohlen
Von Eu'ren Augen einen Blick zu holen.

Pompadour.

Mein gnäd'ger Herr!

La Tour
(indem er die Mütze abnimmt und die Perrücke aufsetzt, für sich).

Ich wußt' es ja zuvor!
Wer sich mit Weibern einläßt, bleibt ein Thor!

Ludwig (zu Pompadour).

Man malt Euch ja, — Von Ander'n muß ich's hören!
Gott grüß' Euch, de la Tour! — Laßt Euch nicht stören!
(Er tritt vor das Bild und betrachtet es.)
Sehr gut getroffen! Sehr! Ich wünsch' Euch Glück!
Seht nur, Marquis', ein wahres Meisterstück!
(Sich, während sie das Bild betrachtet, zu ihr neigend, leiser.)
Wie das Modell wird es den Sinn bethören!
(zu La Tour) Sehr gut, Herr de la Tour! — Laßt Euch
nicht stören!

La Tour (sehr gezwungen).

O, Majestät, das ist sehr leicht gesagt —
Doch bin ich, wie ich bin — Gott sei's geklagt! —
Ich kann die volle Sammlung niemals missen,
Schnell ist der Stimmung Faden abgerissen,
Und bei der kleinsten Störung mir entschwebt
Das Bild, das in der Seele aufgelebt...
Und mit der Stimmung geht die Kunst mir aus —
Am besten ist es dann — ich geh' nach Haus.
(Er schlägt den Farbenkasten zu.)

Ludwig.

Das thut mir leid, das thut mir wirklich leid...
Ihr malt wohl später zu gelegn'rer Zeit...

La Tour.

Jetzt wär's gegangen; jetzt nur, jetzt gerade!

Pompadour.

Jetzt ist's unmöglich!

La Tour (schroff).

Dann nie!

Ludwig.

Das ist Schade!
(Ludwig kehrt zu Frau v. Pompadour zurück; es bilden sich zwei getrennte Gruppen.)
Marquise, Euer Maler ist sehr — offen.

La Tour (sich die Gemaschen anknöpfend).

Ich war im besten Zug und hätt' getroffen
Ihr Bild wie niemals mehr in dieser Stunde!

Ludwig (zu Frau v. Pompadour).

Gebt mir von Eu'ren Plänen doch jetzt Kunde ..
— Wir wissen Eu'ren heit'ren Geist zu schätzen —
Was wird den Hof zur Fastenzeit ergötzen? — —
Die ew'gen Jagden und die steten Reisen,
Das Spiel, selbst die Soupers in enger'n Kreisen,
Die Hofconcerte, das Brevier zu lesen,
Ist nachgerade häufig dagewesen!
Ich bitt' Euch, sinnt auf Neues und mit Eile, —
Denn, ach! — wir leiden sehr an langer Weile.

(Er setzt sich.)

Pompadour.

Kein and'res Ziel hat meines Geistes Walten,
Als zu zerstreuen jene kleinen Falten,
Die auf die Stirn der Reif der Krone drückt
Und find' ich Neues, hoch bin ich beglückt!

Ludwig.

Was fanden Sie?

Pompadour.

Sie müssen es errathen!

Ludwig (suchend).

Sie werden ... uns zu einem ... Feste laden,
... Zu dem Thalia ihre Hülfe leiht ...

Pompadour.

Wie wär' es wohl?

Ludwig.

Gut für die Fastenzeit;
Was spielen Sie?

Pompadour.
Alzire von Voltaire.

Ludwig.
Ein Trauerspiel?! — Das ist bedenklich sehr!
In unf'rer Zeit, die sich gern ernst genannt,
Ist von der Bühne tief'rer Ernst verbannt.
Was wir gefühlt in unser'n Jugendtagen
An Schwärmerei und an verliebten Plagen,
Veraltet ist's, vergessen und — vorbei!
Die neue Zeit beweist uns frank und frei,
Es sei nur eitel Dunst und Wahn gewesen,
Im Menschenherzen könne sie nur lesen,
Nur sie sei wahrhaft wirklich und real,
Ganz lächerlich sei unser Ideal,
Das wolkengleich in höhern Sphären schwärmte,
Nicht mit dem Nieder'n sich um Niederes härmte.
Mit der Tragödie wankt jetzt auch zu Grabe
Das fein're Lustspiel, höh'rer Geister Labe;
Gewürzt wird selten mehr mit att'schem Salze,
Laut will man lachen und aus vollem Halse.
Das Plumpe, das Triviale nur macht Glück,
Und — zum Bajazzo kehren wir zurück!

Pompadour.
Das Neue läßt man dieß besonders fühlen.

Ludwig.
An ihm kann Jeder ja sein Müthchen kühlen;
So lange der Geschichte Blätter schweigen,
Kann man den eig'nen Unverstand noch zeigen.
Vergnüglich zieht der Kritikus vom Leder
Und spritzet Gift und Galle aus der Feder.

Pompadour.
In unser'n Kreis dringt ja kein Kritikus!

Ludwig (ironisch).
Wer hilft uns dann zum vollen Kunstgenuß?

Pompadour.
Ich hoffe, daß es Jeder selbst versteht!

Ludwig.
Ein kühnes Hoffen!

Pompadour.
Darf ich, Majestät,
Die Zeichnung der Kostüme unterbreiten?
(Sie kramt Zeichnungen aus und zeigt sie dem König.)

Ludwig.
Dieß rosenfarbige muß Euch trefflich kleiden.
(Sie fahren fort, sich mit Zeichnungen zu beschäftigen.)

La Tour (der inzwischen seinen Anzug in Ordnung gebracht und sich in den Anblick seines Bildes versenkt hat).
Hier setz' ich einen Schatten, hier ein Licht,
Der Seele Ausdruck gäb' ich dem Gesicht,
Im Frohsinn strahlend, doch nicht fremd dem Leide;
Den schlanken Leib umflöße weiche Seide ...

Ludwig (zu Frau v. Pompadour).
Wer theilt mit Euch sich in die ersten Rollen?

Pompadour.
Die Herren von Pons, Maillebois und La Salle wollen
Alvarez, Guzman, Montés übernehmen,
Als Emir will sich Frau von Marchais grämen —
Es ist nur der Souffleur noch, der uns fehlt ...
Die Titelrolle hab' ich selbst gewählt ...

Ludwig (galant).
Sehr gut! Wer könnte sich mit Ihnen messen,
Wenn's gilt, uns süße Thränen zu erpressen!
(Sie sprechen leise weiter.)

La Tour (der von dem, was um ihn her vorgeht, keine Notiz genommen hat, und noch immer in den Anblick und das Studium seines Bildes versunken ist).

Des Busens Tuch, ich knüpfte es ganz lose ..
In's gold'ne Haar steckt' ich ihr eine Rose,
An der als Thau viel Diamanten hiengen ...
Wie trefflich ließe sich zur Wirkung bringen
Der Mienen Spiel, die Grazie der Geberden —
Ein Bild von ihr — es müßte himmlisch werden!

Ludwig (zu Frau v. Pompadour).

Seht de la Tour dort, wie er zögernd weilt
Und den Gedanken Audienz ertheilt!

Pompadour.

In seine Skizze hat er sich versenkt!

Ludwig.

Der Aermste!

Pompadour.

Ach, er ist zu leicht gekränkt!

Ludwig.

Ihn zu versöhnen, wär ich gern bereit.
(Er geht auf La Tour zu; sehr gnädig):
Herr de la Tour, es thut mir wirklich leid,
Daß mein Erscheinen Eu're Stimmung trübte
Und keinen günst'gern Einfluß auf Euch übte;
Ihr wißt — die Kunst ist mir vor Ander'm theuer
Und gerne schürte ich ihr heil'ges Feuer.
Ich wünschte, daß sie frei und friedlich wohne
Im Schatten meines Throns, im Licht der Krone.
Man soll nicht sagen, daß aus Ludwigs Nähe
Ein Künstler jemals unbefriedigt gehe,
Mit faltenreicher Stirn und schweren Schritten —
Sagt! — Habt Ihr keine Gnade zu erbitten? ...

La Tour.
Mit allen Ehren bin ich längst geehrt
Und jede Gnade habt Ihr mir bescheert.

Ludwig.
Fehlt Euch — woran es Künstlern oft gebricht —
Vielleicht das — kleingemünzte Sonnenlicht?
Wollt Ihr, daß ich in Gold den Pinsel tauche?

Pompadour.
Er ist ja reich!

La Tour.
Ich habe, was ich brauche.

Ludwig.
So seid Ihr wunschlos wie der Götter Einer? —

La Tour.
Nicht doch! — So glücklich, Majestät, ist Keiner,
Dem Wahn und Irrthum noch die Flügel binden
In dieses Daseins gramerfüllten Gründen.
In jedem Herzen neben lauten Sorgen
Hält stets ein stiller Wunsch sich auch verborgen —
Mag Jahre lang er sich in Qual verzehren,
Mag ihn ein holder Augenblick gebären —
Es glimmt, es blinkt, es strahlt sein theu'res Licht,
Bin ich zufrieden — wunschlos bin ich nicht!

Ludwig.
So sprecht! — Ich bin gespannt, laßt mich erfahren
Den stillen Wunsch, den Eu'ren grauen Haaren
Der Ruhm noch ließ und der Erfolge Menge;
Es würde mich erfreuen, wenn's gelänge,
Durch sein Gewähren fester Euch zu ketten
An meinen Hof, die Stirne Euch zu glätten,
Und Eu'ren Sinn der Sonne zuzuwenden.

La Tour (nach kurzem Zögern).

Laßt, Majestät, dieß Bild mich jetzt vollenden!

Ludwig (mit einem Anflug von Strenge).

Dieß Bild, dem Ihr, weil ich Euch unterbrochen,
Noch kurz zuvor das Leben abgesprochen? —
Das Ihr soeben — stehen lassen wolltet,
Und dessen schönem Gegenstand Ihr grolltet? —
Was soll das sein? — Ihr setzet mich in Staunen;
Herr de la Tour! — das sind wohl Künstlerlaunen?

La Tour.

Nicht Künstlerlaunen sind es — Kunstgesetze,
Verlangt nicht, daß ein Künstler sie verletze! —
Das Werk, das in des Schaffens Weihestunden
Wir froh begonnen, bleibt uns eng verbunden,
Es hält uns fest und läßt uns nimmer los,
Es saugt an unf'res Herzens Blut sich groß;
Ob's uns beglücke, ob's uns heimlich quäle,
Es blickt uns an, als heisch' es eine Seele
Von dem, der in die Welt des Seins es rief
Aus schwerem Schlummer, den es traumlos schlief. —
Des Schaffens Drang zuckt froh in meinen Händen,
Laßt, Majestät, dieß Bild mich jetzt vollenden!

Ludwig.

Das heißt wohl: ich soll geh'n?

La Tour.

Ja!

Ludwig.

Jetzt gerade!

La Tour.

Ich bitte Majestät um diese Gnade!

Ludwig.

Erstaunlich klingen oft der Menschen Reden
Und um gar Manches ward ich schon gebeten;
Doch hört ich eine Bitte nie, wie diese.

La Tour.

Verzeiht!
Ludwig.

Was saget Ihr dazu, Marquise?

La Tour.

O, sprecht!
Ludwig.

Ihr sollt entscheiden!

La Tour (für sich).

Ach, sie schweigt!...
Weh' mir!
Ludwig (zu Pompadour).

Wie denkt Ihr?

La Tour (zu Pompadour).

Zeigt Euch mir geneigt!

Pompadour.

Es thut mir leid! —

La Tour (gespannt).

Weßhalb?
Pompadour.

Ich fürchte sehr ...
La Tour.

Was fürchtet Ihr? — (für sich) Mein Gott!

Pompadour.

Es geht nicht mehr,
Ich bin nicht fähig mehr in dieser Stunde!
Ludwig.

Und darf man fragen auch, aus welchem Grunde?

Pompadour (suchend; gezwungen).

Verwickelt, gar nicht einfach ist die Sache —
Schwer zu erklären nur .. — (Bei Seite) Süß ist die Rache!
(zu La Tour) Glaubt nicht, Herr de la Tour, als ob ich grollte,
Ich schwör's — ich kann nicht mehr! (für sich) Selbst wenn
 ich wollte!

La Tour.

Weßhalb?

Ludwig.

Weßhalb?

Pompadour.

Ich bin nicht in der Lage.

La Tour.

Doch weßhalb?

Ludwig.

Doch weßhalb?

Pompadour (ausweichend).

Später ... morgen ... dieser Tage ...

La Tour.

Jetzt ist der Augenblick — er geht von hinnen,
Den angeknüpften Faden auszuspinnen;
Die Schleier fielen von den stolzen Mienen
Und Eures Wesens Kern ist mir erschienen;
Der Seele Umriß und des Herzens Zug,
Die nur zuweilen wie im Geisterflug
Geheimnißvoll durch süße Züge gleiten
Und stets des Alltags graues Licht vermeiden.
Das Innerste hat sich dem Blick enthüllt,
Von Eurem Glanze steh' ich hier erfüllt.
Jetzt bin ich stark und kann das volle Leben
Mit seinem Pulsschlag fiebernd wiedergeben,
Jetzt hab' ich Muth, jetzt fühl' ich Selbstvertrauen,
Der Sonne selbst in's Angesicht zu schauen!

Pompadour.

Unmöglich!

La Tour.

Ganz unmöglich?!

Pompadour.

Ja, zur Stunde!

La Tour.

Unmöglich!

Pompadour.

Jetzt, ja!

Ludwig.

Doch aus welchem Grunde?

Pompadour.

Nicht selten hört man einen Künstler prahlen,
Was Alles nöthig sei, ein Bild zu malen —
Viel Geist, Gefühl, Kunstfertigkeit und Blick,
Und Stimmung und Talent — vor Allem Glück
Wer könnte Alles doch zusammenfassen! —
Mir scheint es schwerer viel, — sich malen l a s s e n.

La Tour.

Das ist neu!

Ludwig.

Ihr scherzt!

Pompadour.

Nein, mein gnäd'ger König,
Ich scherze nicht, denn man verlangt nicht wenig
Von Jedem, den ein Künstler werth gefunden,
Nicht seines Pinsels — seiner Weihestunden!
Der Mund soll lächeln und das Auge leuchten
In einem Blick, den zärtlicher befeuchten
Der Hoffnung Licht und der Erinn'rung Glanz;
Die Stirne soll in Klarheit strahlen ganz,
Die Haltung ungezwungen sein und frei
Und jeder Zug der Seele Konterfei, —

Natürlich und verständig, ruhig und klar,
Sympathisch, freundlich, lieblich, lebenswahr —
Zu allem dem ist Stimmung unerläßlich,
Denn ohne Stimmung bin ich alt und häßlich!

La Tour.
Das heißt: Ihr wollt nicht!

Pompadour.
Nein! — : Ich kann nicht, leider!
Nicht immer trägt die Seele Feierkleider!
Der Blüthenstaub, der flücht'ge Schmelz verweht,
Wenn durch die Stimmung eine Wolke geht.

La Tour.
Und so ist Alles zwischen uns jetzt aus?

Pompadour.
Für heute, ja!

La Tour (zornig und drohend).
Gut denn! Ich geh' nach Haus!

Pompadour.
Verzeiht, daß ich vergebens Euch bemühte
Und habt ein and'res Mal die große Güte!
(Sie verbeugt sich vor ihm).

La Tour (pikirt).
Verzeiht, daß aus der Stunden karger Zahl
Ich einen Augenblick Euch sträflich stahl,
Den besser zu des Hofes höher'm Glanz
Ihr angewandt zu Spiel und Firlefanz!
(Er verbeugt sich vor ihr).

Pompadour (ebenfalls scharf).
Verzeiht, daß ich entriß Euch kurze Zeit
Den holden Freuden Eu'rer Häuslichkeit,

Dem Schlafrock, dem Pantoffel und so weiter,
Dem Weinglas und der Pfeife und ach — leider! —
Des Negligés verführerischem Prangen,
In dem die Künstler stets so gern empfangen
Der Musen seltenen Besuch.

La Tour (drohend).

Ich gehe!

Pompadour.

So lebt vergnügt, bis ich Euch wiedersehe!

La Tour.

Mich wiedersehen?! Ihr?! Im Leben nimmer!

Pompadour.

Ich trag's gefaßt!

La Tour.

Hegt keinen Hoffnungsschimmer!
Nie mehr! Nie mehr — betret ich Eur'e Schwelle.

Pompadour (lachend).

Glaubt' ich daran — ich stürbe auf der Stelle!

La Tour.

Ihr dürftet mir mehr als ein Krösus zahlen,
Nie werd' ich wieder an dem Bilde malen!

Pompadour.

Ich werde mich des Weiter'n nicht erhitzen,
Doch glaubt mir, Herr, nie werd' ich Euch mehr sitzen!

La Tour (immer zorniger werdend).

Ihr seid kokett und Euer Kunstsinn — Schein!

Pompadour (ebenso).

Ihr seid verdreht und Euer Ton — nicht fein!

La Tour.
Ich werde Euch bis an mein Ende hassen!

Pompadour.
Ich werd' von Perronneau mich malen lassen!

La Tour (suchend, im höchsten Zorn).
Ihr seid, Ihr seid, — — kein Mann mit einem Worte!

Pompadour.
Ihr seid ein Bär der allerschlimmsten Sorte!

Ludwig (zwischen die Streitenden tretend).
Genug! — Ich muß mich wohl in's Mittel legen,
Will sich bei Euch des Zornes Ader regen.
Vom tollen Wort nicht weit sind tolle Thaten,
Und Beide scheint Ihr herzlich schlecht berathen!
Wohin soll's führen, wenn vom Trotz verblendet,
Die Kunst der Schönheit schroff den Rücken wendet,
Und diese selbstvertrauend allzufest
Sie nur aus Laune von sich ziehen läßt?
Wie soll aus dieser Trennung Heil ersprießen,
Da Beide auf einander angewiesen? —
Strahlt ein Talent auch noch so sonnenhell,
Was ist der Maler ohne das Modell?
Und schnell verblüht, verweht, vergangen
Ist auch der Schönheit jugendliches Prangen,
Die nicht der Kunst, der hehren sich verbindet,
Daß sie der Nachwelt ihren Ruhm verkündet,
Und was vergänglich schien, der Welt bewahrt.
Schließt Frieden.

Pompadour.
Unerhört war seine Art!

La Tour.
Ich lasse nicht mit mir von Frauen spielen!

Pompadour.
Er soll die Folgen seiner Grobheit fühlen!
Ludwig.
Ich bitt' Euch, macht dem Streit ein Ende
Und reicht versöhnt zum Frieden Euch die Hände!
Pompadour.
Herr de la Tour soll nur den Anfang machen!
La Tour.
Den Vortritt hat die Frau in allen Sachen!
Pompadour.
Ich hab' mein Wort gegeben!
La Tour.
Ich geschworen!
Ludwig.
So wäre alle Hoffnung denn verloren? —
Ich kenne einen Ausweg.
Pompadour.
Darf ich fragen:
„Wo?"
La Tour.
Wo? — Ich bin bereit, ihn einzuschlagen.
Ludwig.
Seid unter Euch Ihr jetzt von Groll erfüllt,
(zu Frau v. Pompadour) So sitzt für mich (zu La Tour) Und
malt für mich dieß Bild! —
In meine Galerie will ich es hängen,
Wo neue Meister sich um alte drängen.
Dort soll es Schönes noch den fernsten Tagen,
(zu La Tour) Von Eu'rer Kunst (zu Pompadour) und
Eu'rem Liebreiz sagen;
So sprecht, seid Ihr bereit, mein schönes Kind? —

La Tour (für sich).
Sie zögert! zögert immer noch!

Pompadour.
Mir sind
Die Wünsche Eu'rer Majestät Befehle.

Ludwig.
Und Ihr, Herr de la Tour? —

La Tour.
Von ganzer Seele!

Ludwig.
So will ich Euch nicht mehr im Wege stehen.
Lebt wohl, Herr de la Tour! (zu Pompadour) Auf
Wiedersehen!

VII. Scene.
(Die Vorigen ohne Ludwig.)

La Tour.
O, welch' ein König!

Pompadour.
Welch' ein theurer Mann!

La Tour.
Das Herz liegt ganz in seinem Zauberbann.

Pompadour.
Ein edles Feuer strahlt aus seinen Blicken!

La Tour.
Sein Streben ist es, And're zu beglücken!

Pompadour.

Die Kunst zu fördern, ist sein stetes Sinnen.

La Tour.

Wenn's Euch genehm ist, wollen wir beginnen.
(Pompadour nimmt ihre frühere Pose ein.)
Doch Eu're Laune sagt?

Pompadour.

Sie ist bemeistert;
Und Eure Stimmung, sprecht?! —

La Tour (indem er die Perrücke wieder abnimmt, den Rock von sich wirft und zu dem Malkasten und dem Malstock greift).

Ich bin begeistert!

(Während er zu zeichnen beginnt, fällt der Vorhang).